AF578972

Lune
blanche
Lune
noire

Barbara NAZIANZENO

LUNE BLANCHE

LUNE NOIRE

BARBARA NAZIANZENO

Auteure

Recueil de poésies

Dépôt légal : mai 2024
ISBN : 978-2-487458-31-4
Livre auto-édité Amazon KDP

imaginer

By Suzie WATH – 2024
www.imaginer57.com
imaginer57@gmail.com

La lune est le soleil des statues.
Jean COCTEAU

La poésie, c'est le chant intérieur.
CHATEAUBRIAND

RECUEIL DE POÉSIES DE BARBARA
Avant-propos

Tout au long de ma vie d'auteure, la Poésie a été un phare parce qu'elle est, pour moi, par essence, la quintessence de l'Esprit et la pureté des mots.

Tous ces poèmes traversent ma vie.

C'est une Poésie Contemporaine caractérisée par des vers libres. Mon écriture poétique s'inscrit dans une poésie du quotidien, c'est-à-dire de sublimation du réel.

Mes thèmes de prédilection reflètent ma vie, mes amours, mes angoisses, mes peurs, mes regrets : mon amour pour la Mer, pour l'Italie, pour mes enfants, ma famille, mes proches.

Mais aussi la peur de la Mort, du Mal, de la violence, le souvenir des êtres chers disparus, mes douleurs enfouies au fond de moi…

Ces thèmes à la fois banals et universels, la beauté de la poésie m'aident à les transfigurer. Ecrire des poèmes m'aide à vivre.

Mais aussi les écrire m'emporte vers un idéal. Je souscris à la phrase de Christian Bobin « J'écris pour me quitter, aussi pour inventer une maison pour les vivants, avec une chambre d'amis pour les morts ».

Alors, n'hésitez-pas, entrez dans ma maison ! Vous y serez les bienvenus !

Barbara Nazianzeno

L'ABSOLU

Vivre l'Absolu me déchire
M'habite et me nourrit.

L'Absolu de la nostalgie,
Du temps passé et de la Vie.

L'Absolu de l'existence
Tout vivre fort et dans l'absence.

Sublimer les choses, les gens,
Les amours et le temps.

Vivre l'Absolu jusqu'au bout de la nuit
Dans des étreintes passionnées, moites,

Silencieuses et infinies.
Vivre l'Absolu ou rien

Plonger mes yeux dans les tiens
Et te dire sans parler
Que je veux être aimée.

LA MER

Entre deux pins parasols
Elle s'offre à moi

Calme et bruyante
Majestueuse et mystérieuse.

Au gré du ressac
Et des marées

Insondable comme un esprit enveloppant.
Mes pensées, mes yeux, mon être

S'y perdent et renaissent à la vie.
Elle sera mon dernier lit.

Ô Beauté ondulante, je me noie
Dans tes profondeurs d'azur.

À Pléneuf-Val-André, 2022

MA MER

Je voudrais mourir en beauté
Être un jour incinérée

Emportée par des chants endiablés
David Bowie, Lou Reed m'accompagneraient

Dans une ambiance pop-rock, les gens qui m'aimaient
Seraient transportés

Pas de Dieu ni de religiosité
Juste l'Amour, la Dignité, l'Amitié

Dans une urne doucement déposée
J'aimerais en Bretagne être accompagnée

Puis mes cendres au large du Finistère dispersées
Dans la Mer, j'y vivrai pour l'Eternité

VIA GIGLIO

Chaleur suffocante d'un été toscan
Qui m'enveloppe et m'engourdit

Je vis, je respire l'Italie
Au son des bruits de la rue et de ses silences incandescents.

Florence, dans la torpeur écrasante de la nuit
Je te hume, t'avale et te détruis,

Te fais renaître au creux de mes envies.
Je vois de ma terrasse le beau Campanile,

Le Duomo et sa coupole fragile,
Témoins des siècles qui dominent la ville.

Michelangelo, Brunelleschi et Dante ont ici élu domicile,
Ils reposent en paix au Tombeau de l'Art,

Observant l'Humanité déchue de leur placide regard.

À Florence, 2017

L'ITALIE ME MANQUE

L'Italie me manque,
Ses senteurs, sa lumière, son soleil

Qui ne finit jamais de se coucher…
Sa chaleur qui nous brûle la peau

L'Italie me manque, ma langue maternelle,
Le brouhaha des gens

Qui parlent
Sur les places, les marchés.

L'Italie me manque
Comme le souvenir de cet autre amour interdit

Je voudrais juste lui parler encor, regarder à nouveau son visage
Tant aimé quand j'étais jeune.

L'Italie me manque, Venise la Belle,
Ses petites rues, ses lieux déserts,

Assise sur un banc
Je regarde vivre les gens.

L'Italie me manque à Venise, le jour
Où nous nous sommes dit non !
Mon Italie me manque ! Celle que je porte en moi !
Sa culture, ses chants, son cinéma,

Pasolini, Fellini, Mastroianni, Silvana Mangano, Virna Lisi, Anna Magnani

L'Italie de Nanni Moretti me manque
Le son de sa voix
Le rythme de ses mots.

L'Italie de ma famille me manque,
Celle de mon enfance, les vacances,

La Beauté d'une terre brûlée par le soleil
Et la solitude

Et le rêve de grands amours
D'une grande vie !

Rien ne s'est passé.

VENISE

Venise me parle encore
Blottie dans ses décors

Venise est mienne
Il faut que j'y revienne

Marcher sur tes pas
Découvrir les places blanches de soleil

Partager l'Eternité
Partager l'ivresse du Péché.

J'ai aimé notre jeunesse,
Les jours de liesse

Mon cœur bondissant dans ma poitrine
Quand sur moi tes yeux se posaient,

Raisonnables et fous !
Nous sommes loin de tout,

Aimons-nous !

Brûlée par tes mains qui n'osent pas,
Je m'éloigne de toi,

Me rapproche encore
Pour me fondre dans ton corps.

Venise la Belle, la Rebelle,
Lieu de nos escapades,
Nos bravades et nos reculades.

Venise la soumise, tu m'as conquise,
Des voix s'élèvent de la lagune,
Tu ne veux plus qu'on t'importune.

Laissons dormir la Sérénissime
Laissons-la rejoindre ses fabuleux abymes !

SOUVENIRS D'ENFANCE D'ITALIE

La sensation de la fraîcheur du sol sous mes pieds graciles
Quand je me levais
Le matin tôt
Dans la maison de mes grands-parents

La chaleur brûlante sur mes bras
De petite fille lorsque je quittais la maison
Pour traverser les rues pavées
De ce petit village qui n'existe plus

Plus tard, jeune adolescente,
Indifférente aux regards des amoureux possibles
Qui faisaient me sentir
Belle et désirable

Jeux et Illusions

Je ferme les yeux et le soleil me brûle le visage
Je ferme les yeux et je sens le parfum des oliveraies
Je ferme les yeux et j'entends les mots en dialecte de Conza
Je ferme les yeux et j'entends le silence aux heures les plus chaudes

Je ferme les yeux et la fraîcheur d'une nuit d'été m'enveloppe
Je ferme les yeux et je ne veux pas les rouvrir

Sur la réalité d'un tremblement de terre
Qui a tout emporté sur son passage
Un soir de novembre…
… sauf la Beauté d'un ciel clair-nuit.

LE RÊVE

« Je n'ai pas le choix », répétait-elle
Comme un mantra, la tête appuyée
Sur les genoux de l'homme qu'elle aimait
En secret depuis quarante ans

« Je n'ai pas le choix », murmurait-elle
Après avoir traversé toute la ville
Pour le rejoindre au péril de sa vie,
Et pour lui dire enfin combien il lui manquait

« Je n'ai pas le choix », susurrait-elle,
Elle avait rendu les armes, elle ne luttait plus,
Ne se battait plus contre la passion
Qui la dévorait depuis l'âge de seize ans

« Je n'ai pas le choix », confessait-elle
Elle avait tout abandonné pour lui
Dans une course éperdue
Vers le grand Amour

« Je n'ai pas le choix », affirmait-elle,
Sûre de son amour
Fait de rencontres fugaces au fil des ans
De lettres inachevées,

De baisers volés à la tranquillité de la nuit,
De caresses furtives et jamais abouties

« Je n’ai pas le choix », lui répondit-il, en la regardant
Magnifique, abandonnée,
Et finalement toute à lui

Ils s’embrassèrent
Sentirent leurs peaux
S’enivrèrent de leurs parfums
Et disparurent dans l’Azur

JE RÊVE TOUJOURS

Je t'ai toujours aimé
Depuis le premier été
Depuis mon enfance, quand nous jouions ensemble
J'ai toujours voulu te dire je t'aime

Tu vis en secret au fond de mon cœur, dans mon corps,
Amour interdit, Amour caché

Le temps qui passe n'a jamais fait disparaître
Ce sentiment fort qui me fait souffrir.
Nous avons tracé nos propres chemins
Dans d'autres bras aimés, passionnés

Mais le souvenir de ton regard,
Intense et fébrile, sur moi demeure.

Je te l'ai écrit
Mais je dois te le dire
Tu as été
Mon premier grand Amour

Fidèles à nos chers aimés
Il n'y a eu aucune trahison.

Juste cette petite flamme
Qui se ravive au son de ta voix
Quand ta main me frôle
Quand tu prononces mon prénom
Nous ne nous verrons plus …je continuerai à te rêver

EUPHORIE

Vers l'infini je pense à toi
Regardant le ciel je pense à toi
Au bord de la mer je pense à toi
Dans l'obscurité je pense à toi

La douceur de la nuit parle de toi
J'écris et je pense à toi
Je marche et je pense à toi
Je souris et je pense à toi
L'aube se lève et je pense à toi

Une main sur un visage et je pense à toi
Un baiser volé et je pense à toi
Une main dans mes cheveux et je pense à toi
Un regard appuyé et je pense à toi

Tu n'as jamais été là et j'ai besoin de toi
Ton absence remplit le vide en moi

LA LETTRE

Le cœur battant
J'ai attendu ta lettre
Un an, dix ans, cent ans

Puis, j'ai rendu les armes
Sans même une larme
Il fallait continuer à survivre
Avec l'illusion d'être libre

Mon cœur, mon corps, pourtant,
Battait, vivait.
Mon esprit
S'en allait loin d'ici

Au soir de ma vie, le destin, à ma porte, a sonné
Et m'a remis un paquet

Le cœur battant, toujours aimant,
J'ai accueilli au creux de ma main
Une tendre missive et une fleur de jasmin

Elle me disait ton amour éperdu
Que tu avais tu.
Cachée sous les pétales,
Une photo volée au Temps
Me transporta vers cette nuit
Où, seuls, dans ce parc à minuit,
Tu m'avais serrée dans tes bras
Pour la dernière fois.

IMPOSSIBLE AMOUR

Je t'aime, je souffre, je te hais
Tu es mon Amour impossible

Tu es inaccessible ou plutôt trop accessible.
Te voir là, tous les jours

Devient pour moi un calvaire, une torture
Je veux être heureuse et je ne le suis pas,

Je ne le peux pas.
Tu es près de moi, tu existes, ce mot suffit pour que mon corps

Te désire si fort,
Pour que je ressente une brûlure au fond de moi,

Que mon âme soit à toi.

Tu renverses toutes les réalités
Le Monde devient Néant

Tu me fais mal, douloureusement mal !

YEUX

Un regard, je l'ai compris, il l'a compris
L'amour ne tient-il peut-être
Qu'à l'expression de nos yeux ?
J'ai rougi, il m'a souri, je lui ai souri.

Aucun mot, pas de mensonges.
Seuls les yeux, leur chaleur, leur tendresse,
Leur malice, leur abandon.
Tout, entre nous, ne fut que silence et compréhension

Tous les matins étaient des matins-soleil, des matins-possession.

Je le regarde, il dort
Ses yeux sont fermés
Mais je lis en lui :
Il m'aime, je l'aime,
Un regard a suffi
Pour nous faire comprendre que nous avions fini
De chercher.

Ce ne fut que tendresse, caresses, ivresse !

Puis un jour,
Je ne vis dans ses yeux qu'indifférence,
Désir de partie, du chagrin aussi …
Je vis d'autres yeux dans lesquels il avait hâte de se plonger.
Je compris. Il comprit.
Un dernier regard et ce fut fini.

ÉLOGE DE LA PÉNOMBRE

L'âme noire se reflète dans le miroir
Il n'y a plus d'espoir. Tout est provisoire.

Les traits se tordent dans le noir
Et cachent la laideur prémonitoire

De la Mort. C'est un exutoire.
La Nuit enveloppe mes noirceurs

Dans un cri incantatoire
Les corps se rejoignent

Dans un mouvement ondulatoire
Vers l'infini, au bout du couloir.

Les démons signent le grimoire
Et sortent de leurs mémoires,

Affublés de pouvoirs dérisoires.
Elle dépérit dans ce mouroir.

UNE MORT

Un frisson, puis le Néant.
La lumière enfin, mais pour voir le vide en soi,
Le vide autour de soi,
Pour voir des gens aveugles,
Qui se rendent aveugles.

Elle est seule, nue,
Le corps couleur cerise
Le cœur couleur hantise,
Meurtrie, tuée par l'Autre,

Tuée par l'Homme.
Elle est morte.
Elle seule peut voir la vie.
Une flèche de chair l'a transpercée
Son sang n'en finira plus de couler.
Elle est morte à jamais.

CHAT NOIR

Il est entré dans ma maison un soir,
Peur ancestrale de cette boule de poils noirs.

La mort et le chagrin étaient prémonitoires.
Je l'imagine dans un manoir

Sur un oratoire
Déclamant des blasphèmes incantatoires

Disant des messes noires
Semant la peste noire sur son territoire,

Miroir de mon désespoir.
C'était illusoire

De croire
Que le Purgatoire
Allait salir ma mémoire…
Oui, ce chat noir m'a fait croire

En notre histoire
Il a éloigné la bête noire
Et m'a redonné Espoir

A ma mère,

LE PAPILLON BLANC

Depuis ta disparition est apparu un papillon blanc
Je pense à toi et il est là

En montagne, dans les prés, au-dessus des étangs
Il me fait signe et tourne autour de moi

De ma fenêtre, travaillant une prose libérée,
Me remémorant tes gestes ancestraux

Je le vois s'attarder
Et repartir encore plus haut

Je sais qui tu es et que tu me protèges
Un sourire apparaît sur mes lèvres

Serein et blanc comme neige
Ce papillon, Maman, m'aide à poursuivre mes rêves.

A mes parents,

LE PARDON

Vous étiez vivants et je suis devenue vos parents
Vous êtes morts et je deviens le parent de mes enfants
Tant de souvenirs me reviennent en mémoire,
Des éclats de lumière,

Lumière blanche du soleil d'Italie,
Le sable des plages de l'Adriatique
Brûlant nos pieds,
Les airs d'opéra que chantait mon père
Sur la route des vacances.
L'élégance et la beauté de ma mère

Me transpercent et m'aveuglent,
M'entourent d'une aura de douceur.
Ne garder que le meilleur…
Vivre avec ses propres démons…
Une philosophie de vie qui me mène
Doucement vers le Pardon.

A Cathy,

MON AMOUREUSE

Fabuleuse, affectueuse, périlleuse
Amoureuse, mon Amoureuse
Dans la nébuleuse
Elle m'apparaît langoureuse déshabilleuse

Amoureuse Mon Amoureuse
Onduleuse Majestueuse
Elle me regarde curieuse, voyeuse,
M'éloigner vers une vie aventureuse

Amoureuse Mon Amoureuse
Je suis si orgueilleuse
Et près d'elle

Talentueuse Fastueuse Majestueuse
À en mourir d'elle
Amoureuse Mon Amoureuse

A Hubert

DANDY

Encore rêvé de lui
Mon éternel ami
Il traverse mes nuits
Comme un oiseau ébloui

Je parle, je ris avec lui
Je lui romance ma vie
Comme dans la Divine Comédie.
Nous nous sommes tous arrêté un jour à Eboli

Homosensible, il est resté un dandy
Auréolé de nostalgie
Papillonnant dans Paris

Hippie, Pythie, il fit de sa vie une philosophie
Sans hiérarchie ni mépris
Mais enveloppée de Poésie

A Hubert,

REGRETS

Nous n’avions pas fini
De nous raconter nos rêves
Je demande une trêve
Voir encor sourire tes lèvres

Nous n’avions pas fini
De mener nos batailles
Politiques, épiques, romantiques
Je les continue vaille que vaille

Nous n’avions pas fini
D’écrire nos vies ensemble
Côte à côte dans la confidence
L’absence fait si mal que j’en tremble

Nous n’avions pas fini…

A mes enfants, Victor et Camille,

LEURS YEUX

Au fond de leurs yeux
La première étincelle de vie est bleue
Elle naît au monde
Comme un cadeau précieux

Nos regards s'accrochent
Se suivent et ne se quitteront plus
Reliés par l'invisible fil de la tendresse,
De près puis de loi,
Au fil du temps qui nous caresse.

Ils sont eux
Plusieurs
Et uniques tous deux,
Beaux et majestueux

Au fond de leurs yeux
Brillent
Des avenirs radieux.

A Victor, mon fils

CHAPEAU BAS

Drôle de bonhomme né en ce jour de juin 2001,
Peut-être déjà si vieux et si grand
Il a cent ans !
Tant de choses déjà dans ce petit regard
Il semble avoir déjà tout vu, connu et su
Un petit visage qui me souriait, me scrutait,
Comprenait et cherchait à lire en moi.

Je t'ai tout donné, mais ce n'était pas assez
Je t'ai tout donné et tu as pris ton envol,
Sûr, fier, pondéré et exalté.

Je t'ai toujours aimé avec curiosité
Avec fierté
Avec la joie immense
D'avoir pu te rencontrer

A Camille, ma fille

SI…

Si tu vacilles, je serai là, près de toi
Si tu as peur, je t'entourerai de mes bras
Si tu cries, je couvrirai de baisers ton visage
Si tu te blesses, je te sauverai du naufrage

Si tu veux disparaître, je te retiendrai de la main
Si tu veux disparaître, je t'emmènerai vers demain
Si tu veux t'envoler, je t'ouvrirai les cieux
Si tu veux vivre ta vie, je te suivrai des yeux

Si tu veux être heureuse, je m'en réjouirai
Si tu trouves ton chemin, je le rêverai
On se retrouvera quand tu te seras trouvée
On se retrouvera dans un monde apaisé

On se retrouvera avec toutes nos émotions
Vis ta vie, ma fille, avec passion !

MES MAUX

Je fais le deuil de ce que je n'ai pas eu
Toute une vie à me reconstruire
Accepter de ne plus fuir
Le temps est enfin venu

Impossible pardon, je cède à l'acceptation
D'avoir été maltraitée
D'avoir été mal aimée
J'ai failli en perdre la raison

Mon cœur est avide d'émotions
J'aimerais vivre encore une fois une passion
Tu es là, tu es mon horizon,
Ensemble, continuons !

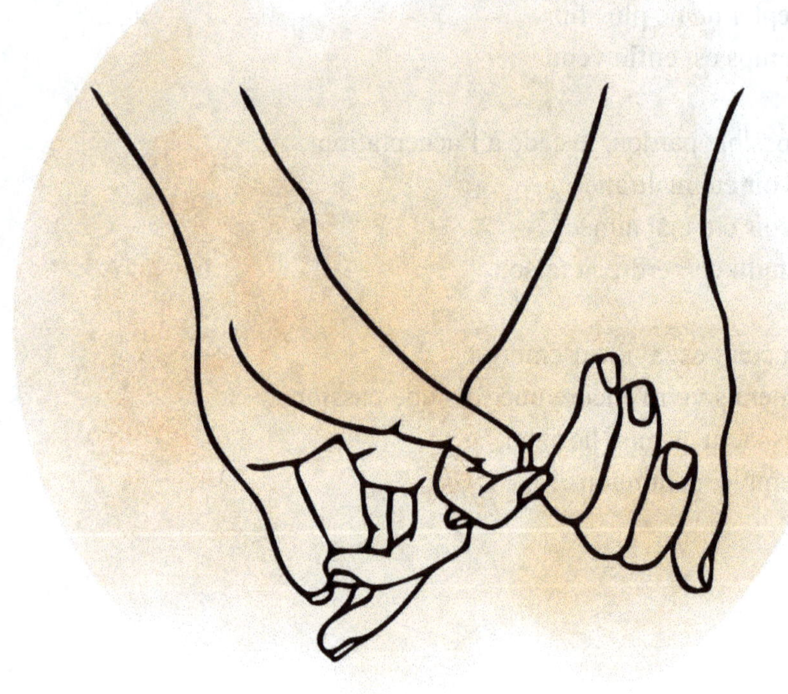

SÉRÉNITÉ

Plus attentive aux gémissements
De mon corps qui pleure sa jeunesse

Moins insouciante
En regardant mes enfants

Se voir en miroir
Dans le corps ridé de l'être aimée
Qui nous émeut toujours

Sensible aux regards indifférents
Des inconnus que l'on croise
Et qui n'ont plus de désir

Se dire qu'on est à l'aube
De notre dernière partie de vie

Laisser le destin écrire la suite
Sans penser au Néant

Goûter encore chaque perle d'eau
De mer salée
Et se sentir vivante !

Lire, écrire
Contempler, savourer
Parler, rire
Penser, réfléchir
J'ai soixante ans et je veux vivre !

LES MAINS QUI DANSENT

Sourde comme un pot
Devenue sourde
Sourde à mourir.

Un matin, le silence
Le diagnostic tombe
Sourde génétique.

La peur, l'incompréhension
La réalité d'une vie nouvelle
Le monde des Sourds

La Culture Sourde
Apprendre à lire sur les lèvres
Apprendre à signer

Un autre monde
Le silence
Les bruits intérieurs

Entendre son corps
Son cœur
Sa respiration

Ne plus entendre l'Autre
Ou si peu…
Ne plus comprendre l'Autre
A côté de soi les Entendants.

Lire sur les lèvres
Lire le regard
Lire le visage
Voir, observer, déchiffrer,

Être frustrée.
Puis, la beauté des Gestes
Les Mains qui dansent

Et s'envolent.
Je continue à vivre !

UN JOUR

Un jour, si proche, trop proche
Je ne pourrai plus entendre le son de ta voix

Un jour, si proche, trop proche
Les notes de musique ne résonneront plus
A mon oreille.

J'entrerai dans le monde du Silence
Mais pas de l'absence
J'entrerai dans le monde feutré des sens

Je m'étourdirai de tout ce que je verrai
Et que plus jamais je n'entendrai

Je regarderai vos lèvres bouger
Avec tant de sensualité.

Mes mains se mettront à danser
À communiquer

Mes mains parleront de la beauté
En un langage imagé

Et redonneront à la Vie
Toute sa Poésie.

LES MOTS

Les mots m'habitent et vivent en moi,
Ces mots qui rongent leur frein,
Et m'enivrent de parfum.

Mes mots, dans un monde parallèle,
S'assemblent
Et construisent leurs propres récits.

Je vis grâce à eux
Plusieurs vies.
Ils sont enfouis au plus profond
De ma Psyché

Et jaillissent dans une explosion
Comme la lave de la Terre,
Nourrissant mes envies de liberté !

Écrire comme on vit
Vivre pour écrire
Écrire sans trahir
Aimer l'Autre à l'Infini

Table des Matières

Requête à mes lecteurs / lectrices

Chère lectrice, cher lecteur,

Vous venez de refermer ce recueil. Peut-être avez-vous encore à l'esprit quelques mots qui vont persister en tête une heure, un jour, ou davantage… C'est précisément cette émotion qui nourrit les auteurs dans leur travail de création et qui permet à d'autres lectrices et lecteurs de découvrir ce livre à leur tour.

Si c'est le cas, je vous serais reconnaissante de bien vouloir me dire ce que vous avez aimé ou ce que vous auriez aimé, les points forts ou les points faibles, les passages lus très vite ou ceux qui vous ont passionné(e), avec un commentaire sur mon adresse courriel b.nazianzeno@orange.fr.

Avec toute ma gratitude !

Barbara Nazianzeno

www.ingramcontent.com/pod-product-compliance
Lightning Source LLC
LaVergne TN
LVHW050424160826
845677LV00002BA/523

* 9 7 8 2 4 8 7 4 5 8 3 1 4 *